NASC na FOLA

Eachtraí na nDálach i bPórtó Ríce

Tomás Mac Síomóin

AN GÚM
Baile Átha Cliath

Clár

La hostilidad hacia el conquistador inglés llevó a muchos irlandeses a prestar servicio militar a Francia y a España. Dos que vinieron a Puerto Rico a mejorar las defensas fueron Tomas O'Daly y el Mariscal de campo Alejandro O'Reilly.

Hostility to the conquering English led many Irishmen to seek military service in France and Spain. Two who came to Puerto Rico to improve its defenses were Thomas O'Daly and Field Marshal Alexander O'Reilly.

Plaic chuimhneacháin, Dúnfort Naomh Críostóir,
San Juan, Pórtó Ríce :

'Naimhdeas do Shasanaigh an choncais a thug ar neart Éireannach seirbhís mhíleata a lorg sa Fhrainc is sa Spáinn. Beirt a tháinig go Pórtó Ríce le feabhas a chur ar a chóras cosanta ba ea Tomás Ó Dálaigh agus Alejandro Ó Raghallaigh.'

Na Géanna Fiáine: Nóta Eolais

Nuair a briseadh ar na Gaeil ag Léigear Luimnigh sa bhliain 1691, chuaigh na mílte acu thar sáile le liostáil in Arm na Fraince. 'Na Géanna Fiáine' a tugadh ar na daoine sin. Lean na mílte eile iad san 18ú céad agus ina dhiaidh. Liostáil na deoraithe sin in airm éagsúla ar fud na hEorpa, agus in Arm na Spáinne go háirithe. Bhain siad clú agus cáil amach dóibh féin ar pháirc an chatha. Bhí blas míleata ar an téarma 'Géanna Fiáine' ar dtús ach bhí sé in úsáid níos déanaí mar chur síos ar na Gaeil uile a thug aghaidh ar thíortha iasachta san Eoraip chun éalú ó dhaorsmacht Shasana ina dtír féin. Bhí athruithe móra tar éis titim amach in Éirinn agus cuireadh péindlíthe i bhfeidhm i gcoinne na nGael. Is beag a bhí i ndán do dhaoine in Éirinn nach raibh sásta glacadh leis an gcóras nua a chuir Sasana ar bun. Nuair a thráchtar ar na Géanna Fiáine, ní mór sliocht na ndaoine sin uile a d'fhág an tír ag an am sin a chur san áireamh, chomh maith leis na daoine a liostáil sna hairm thar lear. Bhí an méid seo a leanas le rá ag Ernesto Guevara Lynch faoina mhac, Che Guevara, in 1969: 'An chéad rud atá le maíomh mar gheall air ná go raibh fuil na reibiliúnach Éireannach ag coipeadh i gcuislí mo mhic... Chuir an ghné sin dá phearsantacht ag fálróid i bhfad ó bhaile é, ag plé le heachtraí contúirteacha agus le smaointe nua.'

Réamhrá

Agus saoirse á lorg acu lena gcuid buanna a fhorbairt thug beirt deartháireacha as Contae na Gaillimhe, Tomás agus Séamas Ó Dálaigh, aghaidh ar shaol nua sa Spáinn. Ní raibh iontu ach déagóirí nuair a d'fhág siad Éire. Is cinnte nach raibh a fhios acu ag an am sin gurbh é Pórtó Ríce an ceann scríbe a bhí rompu ní b'fhaide anonn. Oileán i Muir Chairib is ea Pórtó Ríce agus coilíneacht Spáinneach a bhí ann ag an am. Bhí baint thábhachtach ag na deartháireacha le stair mhíleata agus thráchtála an oileáin. Cuntas atá sa leabhar seo, atá bunaithe ar fhíricí stairiúla, ar a gcuid eachtraí. Feicfimid go bhfuil gné Éireannach le stair Phórtó Ríce, gné ar chóir do Ghaeil a bheith mórtasach aisti. Tá an ghné seo le feiceáil fós sa líon mór sloinnte Éireannacha atá le fáil ar an oileán. Ní bhíonn a fhios ag go leor Éireannach, agus iad dall ar stair na nGéanna Fiáine, go bhfuil gaolta i bhfad amach leo i bPórtó Ríce, agus in go leor tíortha eile i Muir Chairib. Féachtar sa leabhar seo leis an nasc fola seo a thabhairt chun solais.

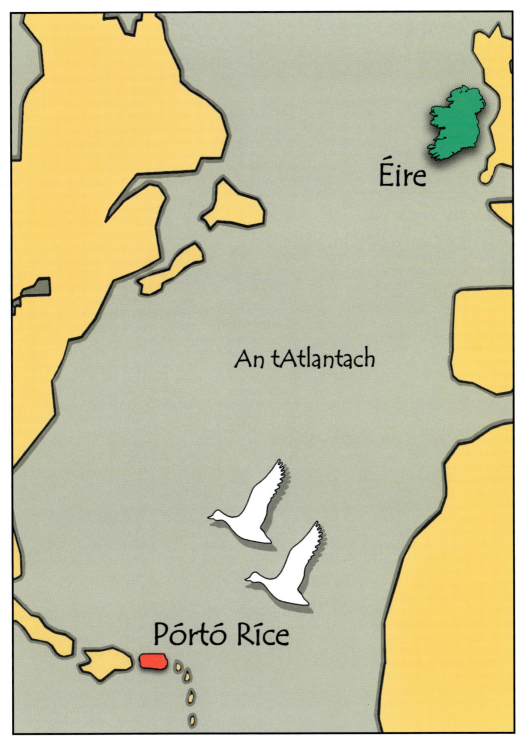

Éire

An tAtlantach

Pórtó Ríce

'Is cinnte nach raibh a fhios acu ag an am sin gurbh é Pórtó Ríce an ceann scríbe a bhí rompu ní b'fhaide anonn.'

Contae na Gaillimhe

Rugadh Tomás agus Séamas Ó Dálaigh i gCluain Brosca i dtuaisceart na Gaillimhe am éigin idir 1725 agus 1730. Níl a ndátaí breithe againn go cruinn. Ba de shliocht mór le rá iad a dtuismitheoirí Diarmaid Ó Dálaigh agus Siobhán de Bláca. Bhí clú na filíochta riamh ar mhuintir Dhálaigh agus lucht gnó i gCathair na Gaillimhe a bhí i muintir Bhláca. Bhí an bheirt tuismitheoirí bródúil as a gclann mhac ach bhí siad imníoch fúthu freisin. Bhí cúis mhaith acu agus cúrsaí mar a bhí sa tír ag an am. Dúirt an máistir scoile a bhí acu go raibh éirim neamhghnách sa bheirt bhuachaillí.

Scoil scairte ba ea an scoil sin agus bhí scoileanna den saghas céanna á reáchtáil go rúnda ar fud na tíre san am, cé nár cheadaigh na húdaráis ghallda a leithéid. D'éirigh le Tomás agus le Séamas Ó Dálaigh bunús na matamataice a fhoghlaim, chomh maith le riar maith Laidine, roinnt Spáinnise agus smut den Bhéarla. Iarshaighdiúir de chuid Arm na Spáinne ba ea an múinteoir agus b'iomaí sin scéal a d'insíodh sé dá dhaltaí faoin am a bhí caite aigesean agus ag go leor Éireannach eile i seirbhís Rí na Spáinne. Tír dhraíochta a bhí sa Spáinn dar leis na daltaí.

'Tá a bhfuil ar eolas agamsa foghlamtha ag do chlann mhac,' a dúirt an múinteoir, an Máistir Maolmhuire Ó Domhnalláin, 'agus é foghlamtha go maith acu.' Is ag labhairt le hathair na mbuachaillí, Diarmaid, a bhí sé. 'Ach ós rud é nach bhfuil aon seans acu ardoideachas a fháil, toisc gur Caitlicigh sibh, níl mórán i ndán dóibh sa tír seo.'

'Céard a mholfása, mar sin?', a d'fhiafraigh Diarmaid, é pas beag imníoch, shílfeá. Bhí freagra an fhir eile ar eolas aige cheana féin. Labhair an máistir go mall, tomhaiste:

'Má tá tú le ligean dá gcumas bláthú, déarfainn féin nach bhfuil de rogha agat, a Dhiarmaid, ach Tomás agus Séamas a chur anonn chuig do ghaolta sa Spáinn. Mar ba mhór an peaca é ligean don chumas céanna imeacht le gaoth san áit seo. Ó mo thaithí féin, is cinnte go mbeadh fáilte is fiche roimh a leithéidí sa Spáinn, agus go n-éireodh go maith leo ann.'

B'iomaí comhrá croíbhrúite a bhí ann idir Diarmaid agus Siobhán sular tháinig siad ar chinneadh a dhéanfadh fíorleas Thomáis agus Shéamais. Thuig siad faoi dheireadh nach raibh aon dul as ach géilleadh do chomhairle an mháistir. Ach ba le croí trom a sheolfaidís Tomás agus Séamas anonn chun na Spáinne.

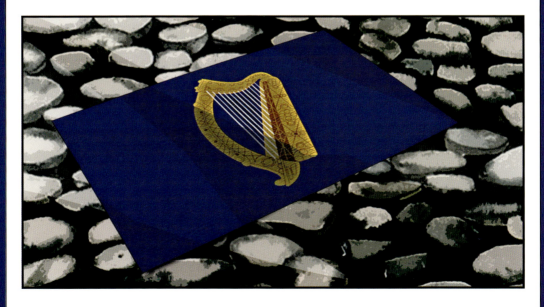

Ag Fágáil Slán

Bhí an bealach fada idir Cluain Brosca agus Calafort na Gaillimhe á shiúl ag Diarmaid agus a bheirt mhac. Maidin ghruamánta a bhí ann agus níor fhéad na buachaillí olagón cráite a máthar a ligean i ndearmad i ndiaidh dóibh slán a fhágáil aici. Bhí sé mar a bheidís ag éisteacht le hainmhí leonta i gcroí na coille, nó leis an gcaoineadh a chloistí i dteach tórraimh. An uallfairt ghéar chéanna a reonn an t-anam.

Níor chreid na deartháireacha a máthair, áfach, nuair a mhaígh sise go deorach ar leac an teallaigh nach bhfeicfeadh sí go brách arís iad. 'Nach mbíonn longa ag triall go rialta idir Gaillimh agus an Spáinn,' a deir Diarmaid léi, le hardú meanman a thabhairt di. 'Nach go duganna na Gaillimhe atá siad ag dul le seoladh ar bord loinge do chol seisear, go Cádiz na Spáinne?'

Ach thuig Diarmaid ina chroí istigh nach raibh ina chuid cainte ach focail fholamha agus gur bhocht an seans go bhfeicfí Tomás ná Séamas ag siúl bhánta Chluain Brosca arís.

De réir mar a gheal an lá, bhí na céadta ceist ag borradh in intinn Shéamais faoi Cádiz. Cén saghas daoine a bheadh ann rompu? Nach raibh cuma saghas buí ar dhreach na Spáinneach? An dtuigfeadh na Spáinnigh an Spáinnis bhriste a bhí foghlamtha aige i scoil an Mháistir Uí Dhomhnalláin? An mbeadh Gaeilge ar bith ag na Spáinnigh céanna? Cén saghas fáilte a chuirfeadh gaolta a athar rompu? Cén chaoi a mbeadh an turas farraige, go

'An uallfairt ghéar... a reonn an t-anam.'

háirithe ón uair nár leag sé cos i mbád riamh roimhe? Cén saghas saoil a bhí ag leathadh amach rompu? Smaointe eile ar fad, nach raibh baileach chomh spleodrach sin, a bhí in intinn a athar agus é ag siúl céim ar chéim lena bheirt mhac.

Mheabhraigh na fothracha agus an corrbhothán tréigthe dó nach raibh mórán measa ar mhuintir dúchais na tíre ó bhris airm mhóra Shasana ar na Gaeil in aimsir a athar. Ba scéal léanmhar é an bhris chéanna a chuala sé go minic ó bhéal seanóirí le linn a óige féin. Bhí péindlíthe curtha i bhfeidhm ó shin ag an Sasanach le meanmna na nGael a mhúchadh ar fad agus lena smacht féin ar Éirinn a bhuanú. B'fhuath leis an nGall an creideamh Caitliceach. Le cúnamh na bpéindlíthe seo bhí na Sasanaigh in ann sealúchas na gCaitliceach a ghabháil. Ní raibh fágtha ag na Gaeil ach beagán talún faoin am sin. An ceannaire Gallda Oilibhéar Cromail, dhíbir sé na mílte óna gcuid tailte breátha i lár na tíre agus chuir go dtí talamh bhocht Chonnacht iad. D'fhág na péindlíthe tuismitheoirí gan dóchas go bhféadfadh a bpáistí dul chun cinn ar bith a dhéanamh in Éirinn.

Ach ní raibh aon neart ar an scéal. Bíodh is gur tairne sa bheo ag Siobhán agus ag Diarmaid é, má bhí uathu leas na ngasúr a dhéanamh, ní raibh de rogha acu ach iad a chur anonn chun na Spáinne.

'*...an bealach fada idir Cluain Brosca agus Calafort na Gaillimhe...*'

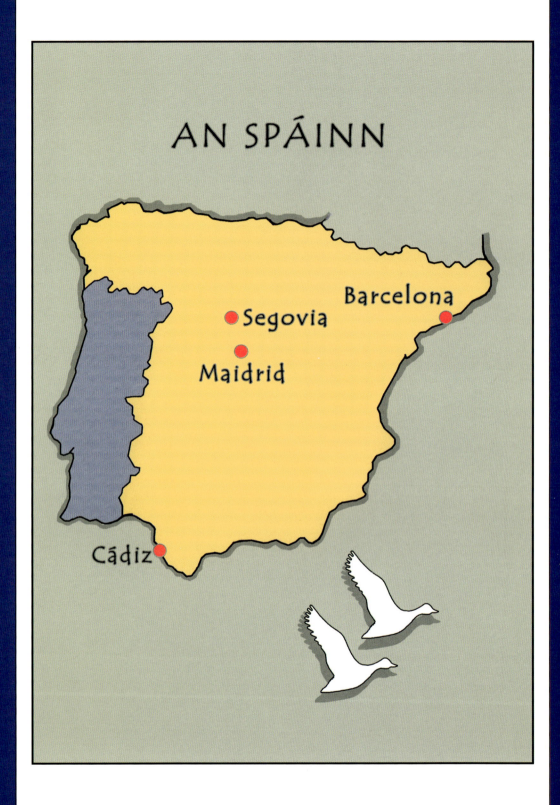

AN SPÁINN

Barcelona

Segovia

Maidrid

Cádiz

AN SPÁINN

Nuair a bhain Tomás agus Séamas Cádiz na Spáinne amach, bhí tír nua os a gcomhair, tír ildaite na n-iontas. Bhí teas mór inti nár mothaigh siad riamh sa bhaile. Bhain gile an tsolais agus gile na bhfoirgneamh in Cádiz leathadh na súl as ógánaigh mar iad nach raibh a leithéid feicthe cheana acu.

D'fhéach na gaolta agus a gcairde chuige go mbeadh fáilte roimh na deartháireacha. Ba ghearr an mhoill a bhí orthu a fháil amach go raibh neart Gael eile lonnaithe in Cádiz. Chuir a ngaolta in aithne iad d'fhir scéalacha a raibh idir Ghaeilge agus Spáinnis ar a dtoil acu. Agus iad ag plé ó lá go lá le muintir na cathrach, níor thóg sé i bhfad ar an mbeirt Dálach óga snas a chur ar an Spáinnis a bhí foghlamtha acu ón Máistir Ó Domhnalláin. Ba ghearr go raibh Spáinnis líofa acu.

Ach ní fhéadfaidís a bheith ag brath ar a ngaolta agus a gcairde in Cádiz go brách. Theastaigh uathu slí bheatha a aimsiú dóibh féin. Bhí na slite beatha a roghnódh an bheirt ag teacht leo siúd a roghnaigh formhór na ndeoraithe Gaelacha sa Spáinn. D'imigh Tomás le saighdiúireacht agus Séamas le muirthrádáil.

An Alcázar (Caisleán), Segovia, ina bhfuair Tomás cuid dá oiliúint mhíleata.

TOMÁS: SAIGHDIÚIR

Bhí neart Gael óg, macasamhail Thomáis, in Arm na Spáinne cheana féin. Sa bhliain 1709, rinne Pilib V, Rí na Spáinne, aon bhriogáid amháin de na haonaid Ghaelacha éagsúla a bhí faoina cheannas. Bhí cúig reisimint sa bhriogáid nua seo a raibh blas Éireannach ar a n-ainmneacha: Ultonia, Hibernia, Irlanda, Limerick agus Waterford.

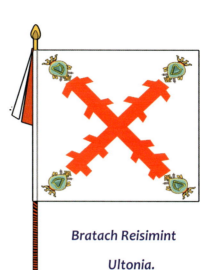

Bratach Reisimint Ultonia.

Ní raibh ach cúig bliana déag ag Tomás, bliain níos sine ná a dheartháir, nuair a d'imigh sé go Maidrid le liostáil in Arm na Spáinne. Aithníodh an dúthracht agus an chlisteacht a bhí san ógánach seo agus rinneadh leifteanant tánaisteach sa Reisimint Ultonia de gan mórán achair. Cuireadh go luath go Barcelona, príomhchathair na Catalóine, é le staidéar a dhéanamh ar an innealtóireacht san acadamh míleata. Tá gach seans ann gur bhraith sé, agus é faoi éide Arm na Spáinne, pas beag deoranta sa chathair sin ina raibh teanga eile, an Chatalóinis, á labhairt ag an bpobal ina thimpeall. Pobal is ea na Catalónaigh atá bródúil as a náisiún féin, an Chatalóin. Ní chuirfidís fáilte roimh shaighdiúirí faoi éide na Spáinne.

'Bhí neart Gael óg...in Arm na Spáinne ...'

Tar éis tamall a chaitheamh ag staidéar in Barcelona thuig Tomás go raibh luí ar leith aige leis an ailtireacht mhíleata. Chuige sin, chaitheadh sé uaireanta i ndiaidh a chéile san acadamh agus pleananna do dhúnta daingne á ndearadh aige. D'aithin a chuid teagascóirí an mianach ar leith a bhí san óganach dúthrachtach seo. Tar éis dó a chuid staidéir san acadamh míleata a chríochnú, leagadh mar chúram air pleanáil na struchtúr a bheadh in úsáid ag Arm na Spáinne – dúnta, droichid agus bóithre móra. D'oibrigh sé ar fud na Spáinne ag tástáil láidreacht na ndúnta agus na ndroichead. Obair fhíorthábhachtach a bhí ann agus thug sí deis do Thomás a bhua mar innealtóir a léiriú agus a fhorbairt. An tábhacht a bhain leis an mbua a bhí aige ag an am ná go raibh an Spáinn i ngleic le cumhachtaí Eorpacha eile, leis

na Francaigh agus leis na Sasanaigh go háirithe. Bhí gá ag an Spáinn le dúnta nach bhféadfaí a pholladh ná a shárú go réidh. Bhí Tomás in ann féachaint chuige go raibh a leithéidí ar fáil.

'Bhain tábhacht ar leith leis na dúnta míleata...'

Bhí cabhlaigh mhóra láidre ag tíortha cumhachtacha na hEorpa san 18ú céad agus ba iad na cabhlaigh sin a thug smacht dóibh ar an gcuid is mó den domhan. Bhain tábhacht ar leith leis na dúnta míleata sa chogaíocht a bhí ar bun idir na tíortha céanna agus iad ag iarraidh smacht a fháil ar an muirthráchtáil, ar fhoinsí buntáirgí agus ar ghnó na sclábhaithe a bhí faoi lánseol ag an am. Ba sa taobh thiar den Aigéan Atlantach, i measc oileáin thrópaiceacha Mhuir Chairib, ba ghéire a bhí an choimhlint idir na cumhachtaí Eorpacha. Mar sin, nuair a chuir an tArm an Coirnéal Tomás Ó Dálaigh go Pórtó Ríce, ceann de na hoileáin Chairibeacha úd, is ar neartú agus ar thógáil dúnta a cuireadh ag obair é. Ceannaire airm, a raibh Ó Raghallaigh mar shloinne air, a chuir fios ar Thomás.

SÉAMAS: TRÁDÁLAÍ

Fad is a bhí clú agus cumas Thomáis mar innealtóir míleata ag méadú, d'fhan Séamas in Cádiz mar ar thosaigh sé ag plé le muirthrádáil. Tá Cádiz suite ar an gcósta Atlantach in iardheisceart na Spáinne. Sa 17ú is san 18ú céad d'fhás Cádiz go sciobtha i ngeall ar an teagmháil ghnó a bhí aige le coilíneachtaí na Spáinne i Meiriceá. Bhí rian na hollmhaitheasa ar thithe is ar shlí mhaireachtála na n-aicmí ceannais, eaglasta agus tráchtála sa chathair.

D'éirigh thar barr leis na trádálaithe Gaelacha a bhí lonnaithe in Cádiz san 18ú céad toisc go raibh siad sáite sa mhuirthrádáil seo le Meiriceá Láir agus Theas. Chuireadh Séamas saibhreas Cádiz i gcomórtas leis an mbochtanas a d'fheiceadh sé ina thimpeall i gCluain Brosca. Chothaigh na scéalta a chuala sé faoin muirthráchtáil le Meiriceá Theas samhlaíocht agus uaillmhian an fhir óig seo.

Ní gnó gan locht a bhí i muirthrádáil an 18ú céad, is baolach. Bhí leathnú impireachtaí na Spáinne agus na gcumhachtaí eile i Meiriceá Láir agus Theas dírithe ar robáil acmhainní na réigiún seo chomh maith le tráchtáil. Sheoladh na cumhachtaí Eorpacha, an Spáinn ina measc, beithígh, capaill agus caoirigh siar chuig a gcuid coilíneachtaí sna críocha Meiriceánacha chomh maith le sclábhaithe ón Afraic. D'fhaighidís táirgí trópaiceacha ar ais ó na coilíneachtaí: tobac, prátaí, bananaí, siúcra agus cadás. Bhíodh ór, clocha luachmhara agus airgead ina measc chomh maith, cuid mhór díobh a goideadh ó dhúchasaigh na réigiún sin.

'Chothaigh na scéalta a chuala sé faoin muirthráchtáil le Meiriceá Theas
samhlaíocht agus uaillmhian an fhir óig seo.'

An tóir a bhí acu uile ar ór agus airgead Mheiriceá a chuir na cumhachtaí Eorpacha i gcochall a chéile. Fágadh na pobail dhúchasacha thíos go mór lena gcuid sainte. Mar bharr ar an donas, cuireadh na milliúin sclábhaí ón Afraic siar chuig na coilíneachtaí Meiriceánacha, faoi choinníollacha sárbhrúidiúla, le talamh na gcoilíneach a shaothrú. Rinneadh é sin toisc go raibh dúchasaigh na réigiún sin curtha chun báis cheana féin ag na coilínigh nó nach raibh siad sásta talamh a bhain leo féin ó cheart, a shaothrú do na coilínigh choimhthíocha chéanna. Bhí an dúshaothrú míthrócaireach mídhaonna ar chiníocha laga ar cheann de na gnéithe ba mheasa d'oidhreacht an choilíneachais.

Ba chuid de phróiseas stairiúil ní ba leithne é coilíniú ilchríoch Mheiriceá ag an Spáinn. Shealbhaigh cumhachtaí Eorpacha éagsúla mórchuid talún in Éirinn, i Meiriceá, san Áis agus san Afraic idir an 16ú agus an 17ú céad. Chuir siad pobail dhúchasacha na dtíortha sin faoi chois mar chuid den phróiseas seo. An coilíneachas a thabharfaí air sin ar ball.

An dlúthbhaint a bhí ag Séamas le trádálaithe Cádiz agus an spéis a bhí aige i bhforbairt thráchtáil an Atlantaigh a chuir i dtreo Mhuir Chairib é. Foinse mhór tobac agus earraí trópaiceacha eile ba ea tíortha Mhuir Chairib san am sin. Mar gheall ar theagmháil a bhí déanta cheana féin aige in Cádiz le trádálaithe ón Ísiltír, thug sé aghaidh ar dtús ar Oileán Naomh Eustatius, a bhí faoi smacht na hÍsiltíre ag an am. Chuir sé faoi ar feadh tamaill ar an oileán úd agus é ag plé le gnó an tsiúcra, príomhbharr an oileáin.

'...cuireadh na milliúin sclábhaí ón Afraic siar chuig na coilíneachtaí Meiriceánacha...'

Dála na n-oileán Cairibeach eile, bhí ithir agus aeráid Oileán Naomh Eustatius iontach feiliúnach d'fheirmeoireacht an chána siúcra óna mbaintear an siúcra féin. Ach i ngan fhios dó féin ag an am, bheadh cor nua á chur ina chinniúint go luath. Cor a chuirfeadh ar a chumas bheith in éineacht lena dheartháir ar an oileán Cairibeach eile úd, Pórtó Ríce. Agus b'ait mar a tharla an cor sin.

Loingeas Spáinneach.

AN TRÍÚ CÉIM: PÓRTÓ RÍCE

Tá Pórtó Ríce suite in oirthuaisceart Mhuir Chairib, neadaithe idir an Phoblacht Dhoiminiceach, thiar, agus Oileáin na Maighdean, thoir.

Bhí sé faighte amach cheana féin ag Tomás go mbíonn éagsúlacht mhór aeráide ar an oileán, áiteanna ina mbíonn an triomach i réim go buan, geall leis, agus réigiúin eile ina mbíonn sé ag cur go mion is go minic. Tá sléibhte ar an oileán, dufair theochreasach, tránna, pluaiseanna agus aibhneacha, agus tá an tírdhreach an-éagsúil dá bharr. Nuair a bhain an taiscéalaí mór úd, Críostóir Colambas, Muir Chairib amach in 1493, bhí cultúr dúchasach na dTáineach in uachtar ann. Bhíodh cónaí ar na Táinigh i gCúba agus Hispaniola, oileáin eile i slabhra na nAintillí, chomh maith le Pórtó Ríce. Ciallaíonn 'Táineach' 'fiúntach agus uasal'. Ba iad na Táinigh an grúpa dúchasach ba líonmhaire sna hoileáin sin; bhí breis agus 100,000 acu ann. Bhíodh curadóireacht ar siúl acu agus bhíodh cónaí orthu i dtithe, de réir thuairisc Cholambas. 'Boriquen' an t-ainm a thug siad siúd ar an oileán agus 'Boriqueños' an t-ainm a bhronn na Spáinnigh ar na Táínigh. Bhí Pórtó Ríce ina chnámh spairne idir impireachtaí na Breataine agus na Spáinne ar feadh na gcéadta bliain. Bheadh baint nach beag ag an gcoimhlint seo le saol Shéamais Uí Dhálaigh.

Dála Chúba, coilíneacht de chuid na Spáinne a bhí san oileán ar feadh 400 bliain. Sa bhliain 1765, chuir Rí na Spáinne, Carlos III, an Marascal Alejandro Ó Raghallaigh go Pórtó Ríce le cumas cosanta mhuintir an oileáin a mheas. Rugadh an Raghallach i mBaile Átha Cliath sa bhliain 1722. Ceann de na 'Géanna Fiáine' ba shuntasaí in Arm na Spáinne a bhí ann. Tá sé aitheanta inniu mar 'Athair Mhílíste Phórtó Ríce' toisc gurbh eisean a chuir oiliúint agus diansmacht míleata ar óglaigh an oileáin. Ní hamháin gur eagraigh Ó Raghallaigh an chéad mhílíste i bPórtó Ríce ach dhear sé a bhrat is a éide chogaidh, dathanna agus siombail sciath San Juan (Naomh Eoin) mar chuid díobh.

Thuig an Raghallach go gcaithfí dún mór dobhearnaithe a thógáil le sábháilteacht San Juan a chinntiú in aimsir chogaidh. Bhí scéal cloiste aige faoi shárailtire míleata na Spáinne, an saighdiúir Éireannach Tomás Ó Dálaigh. Ba choirnéal in Arm na Spáinne é Tomás faoin am seo. Bheadh duine

Dhear Ó Raghallaigh éide chogaidh Mhílíste Phórtó Ríce.

Oifigeach Mhílíste Phórtó Ríce.

dá chumas ag teastáil leis an scéim chosanta a bhí ar intinn ag an Raghallach a chur i gcrích. D'iarr sé ar Thomás teacht go Pórtó Ríce. Réitigh an bheirt deoraithe seo, fear na Gaillimhe agus fear Bhaile Átha Cliath, go breá lena chéile agus níor thóg sé i bhfad ar an Raghallach a thuiscint go raibh an fear ceart aige don obair. Cheap sé Tomás láithreach mar cheannaire innealtóireachta ar an tionscadal mór seo.

Sa bhliain 1765 a thosaigh Tomás ar a chuid oibre chun ceann de na bailte ba dhaingne i Meiriceá Spáinneach a dhéanamh de San Juan. Rinne sé athnuachan ar chóras cosanta uile San Juan. San áireamh sa chóras cosanta seo bhí Dúnfort Naomh Críostóir (San Cristóbal), an dún ba mhó dár thóg na Spáinnigh riamh ar ilchríoch Mheiriceá. Bhí 450 gunna mór ag gobadh go bagrach as ballaí an dúin lena chosaint.

Léiríonn an dúnfort seo, atá suite 50 méadar os cionn na farraige, buaicphointe ailtireacht mhíleata an 18ú céad. Tá líonra casta tollán istigh ann. D'úsáidtí an líonra sin le gunnaí móra a tharraingt anonn is anall agus le luíocháin a chur ar ionsaitheoirí. Léiriú buan ar shárchumas ailtireachta Thomáis Uí Dhálaigh é gur phleanáil seisean, i dteannta Alejandro Uí Raghallaigh, córas de rampair is d'fhodhúnta a chinntigh nach bhféadfadh namhaid ar bith Dúnfort Naomh Críostóir a ghabháil gan seilbh a ghlacadh ar dtús ar na ballaí uile. Níor éirigh le namhaid ar bith é sin a dhéanamh riamh. Bheadh tionchar cinniúnach ag éacht ailtireachta Thomáis ar stair Phórtó Ríce.

Sa lá atá inniu ann, tá plaic chuimhneacháin mar chomóradh ar an éacht seo ar bhalla an dúin agus ainmneacha na n-oifigeach Gael-Spáinneach, Tomás Ó Dálaigh agus Alejandro Ó Raghallaigh, greanta go feiceálach air.

Ní b'fhaide anonn, d'éirigh le Tomás, le cúnamh a chuid innealtóirí míleata, bailchríoch a chur ar athchóiriú El Morro, an dúnfort mór eile a chosain San Juan. Is beag a d'athraigh an dún sin ina chuma ón tráth úd go dtí an lá atá inniu ann. Thóg a chuid fear balla timpeall ar an gcathair freisin.

Duine ildánach ba ea Tomás Ó Dálaigh. Fad is a bhí an obair ar dhaingniú San Juan idir lámha aige, tugadh talamh dó i gcomharsanacht Guaynabo. Rinne sé plandáil rathúil siúcra ann. Le cúnamh a charad, deoraí Gaelach eile, Miguel Mac Thighearnáin, thug siad an t-ainm 'Hacienda San Patricio' nó 'Mórghabháltas Naomh Pádraig' ar an talamh seo in ómós do naomhphátrún na hÉireann.

Fós féin, bhí sé ag socrú síos i bPórtó Ríce faoin am seo. Bhí bean óg de bhunadh an oileáin, María Gertrudis de la Puente, tar éis titim i ngrá leis. Phós siad beirt agus bhí triúr páistí acu. Léiríonn ainmneacha na bpáistí — Isabel, Manuel agus Demetrio — gur thuig Tomás gur i bPórtó Ríce a bheadh a shaol feasta. Bheadh Tomás féin ina bhall suntasach den phobal beag Gaelach úd a raibh an-bhaint aige le forbairt na talmhaíochta ar an oileán.

'Sa bhliain 1765 a thosaigh Tomás ar a chuid oibre...'

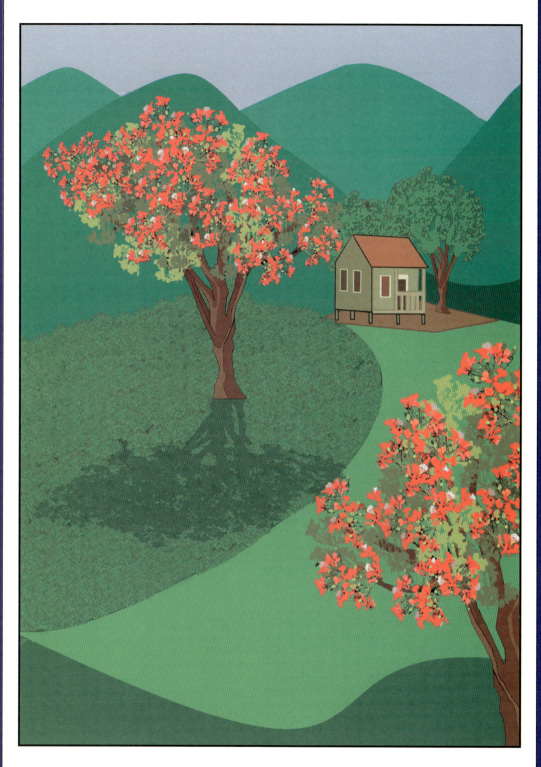

'...tugadh talamh dó i gcomharsanacht Guaynabo.'

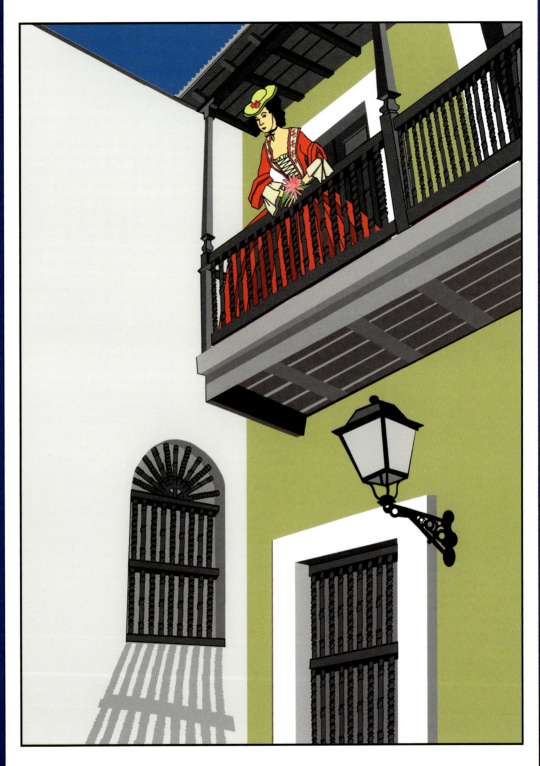

Thit María Gertrudis de la Puente i ngrá le Tomás.

Níl an oidhreacht Ghaelach ligthe i ndearmad go hiomlán ag muintir Phórtó Ríce an lae inniu. Cearnóg Naomh Pádraig a bheirtear sa lá atá inniu ann ar thalamh mhuintir Dhálaigh, an Hacienda San Patricio. Lárionad tráchtála is ea é, ina bhfuil siopaí, bialanna agus pictiúrlanna. An tseamróg atá mar shiombail ag an gcearnóg seo. Bíonn paráid bhliantúil ann gach uile bhliain ar 17 Márta in ómós do Naomh Pádraig. Bhí cor eile fós le bheith i gcinniúint an Choirnéil Uí Dhálaigh áfach. Chasfadh sé go luath arís ar a dheartháir Séamas. Ach b'ait mar a tharlódh…

Cúinne de chúirt Dhúnfort Naomh Críostóir.

SÉAMAS I BPÓRTÓ RÍCE

Sa bhliain 1772, fuair Séamas Ó Dálaigh scéal go raibh loingeas Spáinneach, a raibh droch-chaoi air, i mbaol a chaillte cóngarach d'Oileán Naomh Eustatius. Cén chaoi a ndeachaigh an scéal seo i bhfeidhm air? Is léir go bhfaca Séamas deis le héirí as a bheith ina thrádálaí ar oileán beag mara agus aghaidh a thabhairt ar shaol níos dúshlánaí. Chaith Séamas slám mór dá chuid airgid féin leis an loingeas Spáinneach seo a tharrtháil agus a dheisiú. Bhí na Spáinnigh buíoch de agus theastaigh uathu cúiteamh a thabhairt dó. Seans go bhfaca Séamas deis ansin le bheith in éineacht le Tomás i bPórtó Ríce. An toradh a bhí ar a chomhráite leis na Spáinnigh ná gur thug siad duais bhreá dó: smacht iomlán dhá bhliain ar easpórtáil earraí talmhaíochta ó Phórtó Ríce.

Níor thúisce Pórtó Ríce bainte amach ag Séamas, áfach, ná gur iarr sé cead fanacht ann go buan. Mhothaigh sé dáimh leis an áit agus le muintir an oileáin. Bhí cúnamh de dhíth ar a dheartháir, a dúirt sé. Níor gheall Coróin na Spáinne ach tréimhse chónaithe dhá bhliain dó. Agus Tomás mar chrann taca aige, áfach, níor fhág Séamas Ó Dálaigh Pórtó Ríce riamh arís.

Tharla go raibh éileamh leanúnach ar a shaineolas míleata ba dheacair do Thomás an dá thrá a fhreastal, an fheirmeoireacht agus an ailtireacht mhíleata. Mar sin, thairg sé cúram bainistíochta Mhórghabháltas Naomh Pádraig do Shéamas. Ghlac Séamas go buíoch le tairiscint Thomáis.

Túr Faire, Siombail de Phórtó Ríce.

Ní hamháin gur éirigh le Séamas an cúram seo a chomhlíonadh go héifeachtach ach d'éirigh thar barr leis mar shaothraí tobac agus siúcra chomh maith. Ach ní taobh le curadóireacht amháin a bhí Séamas. Choinnigh sé tréad bó i gceantar Loíza freisin.

Cathair Loíza agus Naomh Pádraig

Tá cathair Loíza suite ar chósta thoir-thuaidh Phórtó Ríce. Is de shliocht Afracach formhór an phobail ann – iad siúd a tugadh anoir ó chósta thiar na hAfraice ina sclábhaithe ag na Spáinnigh.

Bíodh is gurb amhlaidh atá, tá lorg na nGael le feiceáil ar Loíza chomh maith. Tá Eaglais Naomh Pádraig suite i gcroílár na cathrach. Tá sé ar cheann de na heaglaisí is sine i bPórtó Ríce. Tógadh í in 1645. Eaglais an Spioraid Naoimh a bhíodh mar ainm air an tráth úd. A bhuíochas leis an mbrabús a shaothraigh Séamas agus Gaeil eile as gnó na mbeithíoch, cuireadh go mór leis an eaglais seo. Do Naomh Pádraig a tiomnaíodh í. Glacadh le Naomh Pádraig mar naomhphátrún Loíza. In ómós d'Éirinn tá dath glas fós ar bhrat an phobail.

Tiomnaítear Lá an Phátrúin i bPórtó Ríce do naomhphátrún an bhaile ina mbíonn an fhleá á comóradh. Crochtar maisiúcháin ar fud shráideanna an bhaile. Is cuid dhílis den fhleá an caitheamh aimsire beo, an carnabhal agus na mangairí siúlacha. Ní eagraítear na 'pátrúin' ar bhonn náisiúnta ó tharla nach mbíonn á cheiliúradh iontu ach pátrún baile amháin.

Cúnamh á lorg ar Naomh Pádraig.

Ceiliúrtar Lá an Phátrúin i Loíza gach uile bhliain ar 17 Márta.

Tá scéal ag muintir Loíza faoi Naomh Pádraig atá bunaithe ar eachtra a tharla san 18ú céad. Baineann sé le planda ar a nglaoitear an taipióca, planda fíorthábhachtach sa réigiún seo. Tá stair fhada spéisiúil ag baint leis an taipióca. Léiríonn fianaise na seandálaíochta go mbíodh an taipióca á chur i bPeiriú 4000 bliain ó shin. Bhí sé ar cheann de na chéad bharraí a cuireadh ar ilchríoch Mheiriceá. Chinntigh a mhaitheas mar bhia go raibh áit bhunúsach aige i mbeathú na bpobal dúchasach i Meiriceá Theas, an taobh ó dheas de Mheiriceá Láir agus ar oileáin Mhuir Chairib faoin am ar shroich na Spáinnigh an ceantar. Bia bunúsach ba ea é san 18ú céad do mhuintir Loíza. Tiúbar atá sa taipióca atá beagán cosúil leis an bpráta.

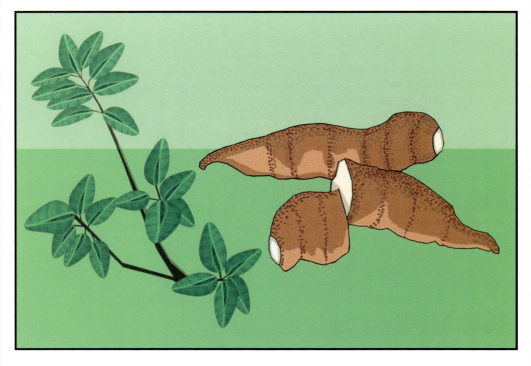

'Tiúbar atá sa taipióca atá beagán cosúil leis an bpráta.'

Ach maíonn saineolaithe linn gur fearr mar fhoinse bia é ná an práta céanna. Thuigfí, mar sin, go mba thubaisteach an rud amach is amach é do mhuintir Loíza dá dteipfeadh ar an taipióca.

Mar sin, nuair a bhí an taipióca á loit ag plá feithidí bhí uafás ar an bpobal. Céard a dhéanfadh na daoine? Bhí drochshaol ag bagairt orthu ar nós mar a bhagair sé ar mhuintir na hÉireann sa 19ú céad. Céard eile ach cúnamh an phátrúin a lorg! Bhí seanscéal cloiste acu ó Ghaeil Loíza gurbh é Naomh Pádraig a dhíbir nathracha nimhe na hÉireann. B'fhiú iarraidh ar phátrún chomh garúil agus chomh cumhachtach sin an ruaig a chur ar na feithidí bradacha a bhí ag scriosadh an taipióca. Rud a rinneadh. Agus nuair a chuir Naomh Pádraig an ruaig ar na feithidí agus gur fhág an taipióca slán, ghabh an pobal buíochas ó chroí leis. Tá an buíochas céanna á ghabháil leis an naomh ó shin gach uile Lá Fhéile Pádraig.

BÁS THOMÁIS

Bliain bhrónach do na deartháireacha Ó Dálaigh ba ea 1781. B'iomaí bóthar a shiúil siad ón lá léanmhar úd ar scar siad lena máthair i gCluain Brosca go dtí gur shocraigh siad síos go suaimhneach le chéile faoi dheireadh i bPórtó Ríce. Bóithre a shín idir Gaillimh agus Cádiz, agus a chuaigh trí Mhaidrid, Barcelona agus Oileán Naomh Eustatius ina dhiaidh sin gur bhain a gceann amach i Loíza. Ach sroicheann gach uile bhóthar daonna a cheann scríbe, luath nó mall. Fuair an Coirnéal Tomás Ó Dálaigh bás go tobann sa bhliain chéanna, 1781. Agus Tomás sínte ar leaba a bháis, gheall Séamas dó go dtabharfadh sé aire dá chlann, cúram a chomhlíon sé go scrupallach. Níor phós sé féin riamh.

SÉAMAS, AN FEAR GNÓ

Sa bhliain 1787, cheap Coróin na Spáinne Séamas mar stiúrthóir ar an Monarcha Ríoga Tobac. Ceapachán fíorthábhachtach dó siúd ba ea é. Léirigh sé an meas mór a bhí ag údaráis Spáinneacha an oileáin ar a chumas gnó agus ar a chumas mar riarthóir.

Bhain an-tábhacht le tráchtáil an tobac ag an am. Bhíodh an tobac á chur is á chaitheamh go fairsing i Meiriceá sular tháinig na hEorpaigh. Go deimhin féin, tagann an focal 'tobac' ó theanga na dTáíneach, an pobal dúchasach ba mhó i bPórtó Ríce agus sna hoileáin máguaird. Scaip nós chaitheamh an tobac go dtí an Eoraip, agus mar is eol dúinn, ghlac an pobal abhus go fonnmhar leis. Bhíodh airgead mór i gceist le gnó an tobac.

'Agus Tomás sínte ar leaba a bháis, gheall Séamas dó go dtabharfadh sé aire dá chlann, cúram a chomhlíon sé go scrupallach.'

B'fhoinse thábhachtach acmhainní don Spáinn an tobac i lár an 18ú céad. Mar sin bhí siad ag iarraidh é a chur ag fás i ngach coilíneacht Mheiriceánach dá cuid a bhféadfaí é a chur ann. Bhí tobac den scoth le fáil i bPórtó Ríce agus tógadh monarcha mhór in 1763 lena phróiseáil. Gan mórán achair, b'ionann easpórtáil an tobac agus breis is leath d'easpórtáil uile Phórtó Ríce.

Chaith Séamas blianta síochánta ag riar ghnó tobac an oileáin. Ach níl léamh ar an gcinniúint. Nó cén chaoi a mbeadh a fhios aige, agus é go dícheallach i mbun a chúraim, go raibh cogadh gan choinne le cor nua a chur ina shaol féin agus i saol na nGael eile i bPórtó Ríce.

CATH SAN JUAN

Ó thángthas ar an Domhan Nua, bhíodh an mhuirthrádáil le hoileáin Mhuir Chairib agus le Meiriceá Láir ina cnámh spairne idir chumhachtaí móra na hEorpa – an Spáinn, Sasana, an Fhrainc agus an Ísiltír. Faoin 18ú céad, ba iad an Spáinn agus Sasana na príomhiomaitheoirí a bhí páirteach sa choimhlint sin agus Muir Chairib trí chéile ina láthair chatha acu.

Bhí Pórtó Ríce i seilbh na Spáinne ach bhí súil Shasana ar an oileán. Ba dhuais mhealltach dóibh é lena raibh de rath ar thionscal an tobac agus an tsiúcra. Anuas air sin, ba shuíomh tábhachtach straitéiseach é an t-oileán agus é mar a bheadh geata ann idir an tAtlantach, thoir, agus Muir Chairib, thiar. An té a mbeadh seilbh aige ar Phórtó Ríce, bheadh smacht nach beag aige ar an loingeas a bheadh ag seoladh idir an dá fharraige úd.

Agus mar bharr ar an áilleacht, nach ndúirt a gcuid spiairí leis na Sasanaigh nach raibh ach garastún beag de shaighdiúirí rialta ag an Spáinn ar an oileán. Mar sin, nuair a d'éirigh le fórsaí tíre is mara na Breataine Oileán na Tríonóide a ghabháil in 1797 mar gheall ar chosaint lag na Spáinne ar an oileán, thug an bua sin misneach dóibh aghaidh a thabhairt ar Phórtó Ríce.

Ar 7 Aibreán 1797 shroich na Sasanaigh Cuan San Juan. Bhí níos mó ná seachtó long i gceist agus deich míle trodaire, amhais Ghearmánacha ina measc, agus iad réidh le bheith páirteach san ionsaí ar Phórtó Ríce an lá dár gcionn. Shíl a gcuid oifigeach go mbeadh San Juan gafa acu taobh istigh de chúpla lá. Ach, ní mar a shíltear a bhítear!

'Ní raibh coinne ag na Sasanaigh lena raibh rompu – míliste beag Phórtó Ríce ...'

Ní raibh coinne ag na Sasanaigh lena raibh rompu – míliste beag Phórtó Ríce a bhí eagraithe agus sár-oilte ag an Marascal Alejandro Ó Raghallaigh. Ná ní raibh siad in ann an córas cosanta a chum an Coirnéal Tomás Ó Dálaigh a shárú ach an oiread. Bhí an córas á chosaint ag buíon bheag de thrúpaí rialta faoi cheannas an Bhriogáidire Ramón de Castro, Gobharnóir Phórtó Ríce.

Chuir de Castro gairm slua amach. D'fhreagair na fir oibre sa cheantar thart ar Mhórghabháltas Naomh Pádraig é ina sluaite. D'fhreagair Gaeil thuaisceart an oileáin é freisin agus iad sásta deis a fháil an ruaig a chur ar shean-namhaid a raibh a dtír dhúchais féin loite aige.

Mhair an cath cúig lá dhéag. Ach, in ainneoin go ndearna siad ionsaí i ndiaidh ionsaí, ní raibh na Sasanaigh in ann an chosaint ar Dhúnfort Uí Dhálaigh a shárú. Faoi dheireadh, b'éigean do na hionsaitheoirí teitheadh leo de shiúl oíche, go leor dá gcuid arm fágtha ina ndiaidh acu, agus go leor dá gcuid saighdiúirí fágtha sínte ar láthair an chatha. Bua suntasach a bhí ann d'fhórsaí armtha Phórtó Ríce.

FINSCÉALAÍOCHT SAN JUAN

B'iomaí sin finscéal a tháinig as ionradh 1797 ar San Juan agus atá fós beo i mbéal na ndaoine. Insítear fós scéal an Rogativa, focal Spáinnise a chiallaíonn paidir nó urnaí. De réir an scéil seo, bhí lámh ag Dia féin sa ruaig a cuireadh ar na Sasanaigh. Toradh míorúilteach a bhí ann ar mhórshiúl reiligiúnda a raibh mná San Juan páirteach ann agus iad ag iarraidh ar Dhia a gcathair a tharrtháil ón namhaid.

Agus an tEaspag ina cheann, d'fhág an mórshiúl seo ardeaglais na cathrach, Ardeaglais Naomh Eoin Baiste, le titim na hoíche ar an 30 Aibreán. Mná den chuid is mó de a bhí páirteach ann, agus coinneal nó tóirse lasta ina lámh ag gach uile dhuine acu. Chaith siad an oíche ag siúl thart timpeall shráideanna na cathrach agus iad ag paidreoireacht os ard. Bhí bualadh leanúnach chloig na n-eaglaisí uile sa chathair á dtionlacan. Níor fhill an mórshiúl glórach paidreoireachta sin ar an ardeaglais go dtí go raibh an lá ag breacadh.

De réir an scéil, nuair a chonaic ceannaire fhórsaí na Breataine, an Ginearál Abercrombie, an líne neamhbhearnaithe seo de thóirsí lasta agus nuair a chuala sé clingeach leanúnach na gclog, bhí sé cinnte go raibh fórsaí móra ón tír máguaird ar a mbealach leis an ngarastún a neartú. Tharla nach raibh ar a chumas go dtí sin córas cosanta Thomáis Uí Dálaigh a bhearnú, shíl sé dá réir go bhféadfadh críoch fhuilteach a bheith ar iarracht

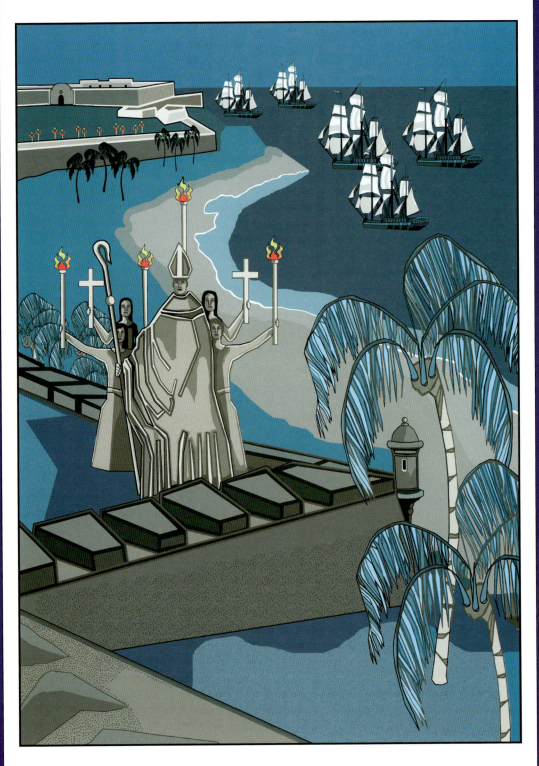

'De réir an scéil seo, bhí lámh ag Dia féin sa ruaig a cuireadh ar na Sasanaigh.'

seo na Breataine le Pórtó Ríce a chur faoina smacht. Ar eagla na tubaiste d'ordaigh Abercrombie dá chuid saighdiúirí cúlú. Faoin gcéad lá de mhí na Bealtaine, mar sin, chonacthas loingeas uile na n-ionróirí, is é faoi lánseol, ag teitheadh ó Chuan San Juan. Fad is a bhí bratacha an namhad ag dul as amharc, bhí na gártha caithréime agus na paidreacha buíochais ag baint macallaí as sráideanna na cathrach.

Tá ceithre dhealbh chré-umha sa Plaza de la Rogativa (Cearnóg na bPaidreacha), sa chomharsanacht is sine in San Juan, ina gcomóradh ar an bhfinscéal seo. Is comhartha ómóis iad na dealbha seo don easpag agus dóibh siúd a bhí páirteach sa mhórshiúl stairiúil úd in 1797.

Chuir bua 1797 tús le tréimhse nua i stair Phórtó Ríce. Chothaigh an ruaig a chuir siad ar na Sasanaigh mórtas cine agus féinmhuinín na n-oileánach. Thosaigh siad ag smaoineamh orthu féin mar Phórtó Rícigh agus ní mar Spáinnigh. Bhain feirmeoirí móra an oileáin leas as an mbua seo le buntáistí áirithe a fháil ó na húdaráis Spáinneacha, faoisimh chánach ina measc. Bheadh San Juan aitheanta feasta ag an Spáinn mar chathair 'sár-uasal agus dílis' chomh fada agus a mhair smacht na Spáinne ar an oileán (go dtí 1898). Comórann sliocht na mbochtán ó Loíza fós gníomhartha gaisce a sinsir idir an 9 Aibreán agus an 2 Bealtaine, dátaí a thagann le tréimhse an chogaidh. Cuireann eagraíochtaí áitiúla agus náisiúnta clár imeachtaí le chéile don chomóradh a mbíonn clú agus cáil air, agus ní i bPórtó Ríce amháin. Tagann cuairteoirí ó chian is ó chóngar le taitneamh a bhaint as an athléiriú

Réidh don chath: Mílíste Phórtó Ríce agus gnáthdhaoine.

ar eachtraí an chatha a dhéanann gnáthmhuintir na háite agus iad feistithe in éide chatha aimsir an ionsaithe.

In Amhras Faoi na Gaeil

In ainneoin go raibh na Spáinnigh thar a bheith sásta gur briseadh ar a naimhde Sasanacha ag Cath San Juan, níor fhág sin nach raibh orlaí den imní trína gcuid áthais. Cén cineál imní? Ní raibh coinne acu le hoidhreacht Alejandro Uí Raghallaigh, is é sin le rá, leis an bhfórsa oilte míleata a chuir a gcuid géillsineach i gcoilíneacht Phórtó Ríce ar an bhfód in aghaidh fhórsaí an Ghinearáil Abercrombie. Dá n-éireodh an fórsa seo ceannairceach, abair, ba le dua a gheofaí an ceann is fearr air. Cad a tharlódh dá mbeadh sé ag iarraidh an ceangal leis an Spáinn a bhriseadh? B'údar imní a leithéid do na Spáinnigh. B'údar buartha dóibh an tráth úd na réabhlóidí a bhí tite amach i measc sclábhaithe thall is abhus agus an fonn a bhí á thaispeáint ag a gcuid coilíneachtaí Meiriceánacha a gceangal leis an 'máthairthír' a bhriseadh. D'fhéach an Spáinn le míshuaimhneas dá leithéid seo a mhúchadh sular mhéadaigh sé trí leasuithe móra eacnamaíocha a chur i bhfeidhm a chuirfeadh feabhas ar chaighdeán maireachtála na ndaoine gairmiúla ar an oileán.

Údar imní eile a bhí ag an Spáinn ná go raibh cuid mhór d'fhorbairt eacnamaíoch an oileáin á déanamh ag saoránaigh de bhunadh eachtrach. Bhí neart Éireannach ina measc siúd, daoine ar ghlac a gcuid oibrithe páirt lárnach i gcosaint Phórtó Ríce in aghaidh na Sasanach — leithéid Shéamais Uí Dhálaigh. Bhí geilleagar na Spáinne ag brath go mór ar dhúshaothrú acmhainní na gcoilíneachtaí ag an am. Mar sin, theastaigh uaithi cúrsaí gnó na gcoilíneachtaí a choinneáil i lámha daoine de bhunadh na Spáinne a mbeadh dílseacht iomlán don mháthairthír acu agus a bhféadfaí muinín iomlán a chur iontu.

Tharla eachtra i rith Chath San Juan a chuir le hamhras na n-údarás faoi dhaoine nárbh fhíor-Spáinnigh iad. Eachtra í seo a raibh toradh tromchúiseach ag baint leis don dream sin ar an oileán, na Gaeil ina measc.

Agus an cath faoi lánseol rinne cosantóirí na cathrach príosúnaigh de bhuíon bheag d'arm na n-ionróirí. Fuarthas ainm 'eachtrannach' a raibh cónaí air i San Juan i mála duine de na príosúnaigh seo. Caitheadh amhras ar an duine a ainmníodh. Arbh fhéidir gur spiaire a bhí ann? An raibh an namhaid ann taobh istigh de bhallaí na cathrach cheana féin? An freagra a bhí ag na húdaráis Spáinneacha ar an amhras seo ná géarleanúint éagórach a imirt ar 'eachtrannaigh' uile Phórtó Ríce.

Ar fhaitíos go sceithfí eolas ar chóras cosanta an oileáin leis an namhaid, d'ordaigh an Gobharnóir de Castro go ndéanfaí faire ar áitritheoirí eachtrannacha i gcoitinne agus go gcuirfí iad siúd a rabhthas in amhras fúthu sa phríosún. Chuaigh an scéal in olcas ar ball nuair a athraíodh an t-ordú sin ina ordú díbeartha. Bhí Séamas Ó Dálaigh ar na daoine a gabhadh. Le linn dó a bheith á ghabháil agus á chur sa phríosún, tháinig tuairisc go raibh Mórghabháltas Naomh Pádraig loite ag buíon de na hionróirí.

Agus bhí casadh íorónta eile sa scéal. Fad is a bhí gaiscígh Phórtó Ríce ar a ndícheall ag troid in aghaidh na Sasanach i gCath San Juan, bhí éirí amach mór in aghaidh na Sasanach céanna á bheartú in Éirinn don bhliain dár gcionn, 1798, ag na hÉireannaigh Aontaithe.

Is díol spéise é an oiread daoine de bhunadh Éireannach a bhí thíos le hordú díbeartha de Castro: Séamas Ó Dálaigh, Jaime Ó Coinnleáin, Miguel Mac Conbhua, Juan de Nágla, Miguel y Patricio Mac Thighearnáin, Tomás Armstrong, Jaime Mac Thighearnáin, Felipe Ó Dóráin, Patricio Mac Giolla Phádraig agus Antonio Skerret. Tugadh ocht lá dóibh leis an oileán a fhágáil. Chuir an cinneadh seo as go mór do na díbeartaigh agus dá dteaghlaigh, ar ndóigh. Mar shampla, cailleadh seanchomrádaí Thomáis Uí Dhálaigh, Miguel Mac Thighearnáin, agus é ina aonar ar deoraíocht. Bhí a bhaintreach, Juana Rita Salgado, a iníon Isabel, ceithre bliana déag d'aois, agus gach ar bhain leis, fágtha ina dhiaidh i Loíza. Chaith Séamas Ó Dálaigh daichead is a sé lá sa phríosún sular scaoileadh saor é.

Bhí cairde na nGael i bPórtó Ríce spréachta ag an gcaoi ar chaith na húdaráis Spáinneacha leo. Agus níor bheag é líon a gcuid cosantóirí i bPórtó Ríce a bhí sásta a mbarúlacha a chur go neamhbhalbh faoi bhráid Choróin na Spáinne. Mar shampla, tháinig Antonio Mejía, Príomhfheidhmeannach an Státchiste, go luath ar an bhfód. Mhaígh seisean nach raibh bunús dlíthiúil ar bith le breithiúnas Castro. Agus anuas air sin, go ndéanfadh sé díobháil mhór do gheilleagar an oileáin na daoine sin a dhíbirt. Ní raibh fianaise ar bith ann

'Chaith Séamas Ó Dálaigh daichead is a sé lá sa phríosún…'

gur chabhraigh na Gaeil leis an namhaid, dar leis, ná ní dhearnadh iarracht shásúil teacht ar fhírinne an scéil ach an oiread. Gabhadh na Gaeil seo uile go fánach, cuireadh sa phríosún iad agus tugadh orthu an t-oileán a fhágáil gan iad a bheith daortha go cothrom, b'in an port a bhí ag an Uasal Mejía.

Bíodh is gurbh é Rí na Spáinne féin a d'ainmnigh Séamas Ó Dálaigh dá phost mar stiúrthóir don Mhonarcha Ríoga Tobac, agus é sa phríosún níor ligeadh dó cuntais an ghnólachta a scrúdú, dualgas riachtanach agus dlíthiúil dá chuid. Scríobh Antonio Mejía litir chuig an Rí féin. Chuir sé ar a shúile dó go raibh príosúnú Uí Dhálaigh glan in aghaidh na dtosaíochtaí a bhí ag an gCoróin féin le geilleagar na nAintillí Spáinneacha a fhorbairt, gné na talmhaíochta go speisialta. 'Nár éirigh leis na Gaeil atá díbeartha ag de Castro portaigh agus tailte bána Phórtó Ríce a thiontú ina bpáirceanna leathana faoi bhláth?' a dúirt an tUasal Mejía.

Tháinig an Rúnaí Stáit Spáinneach, Juan Manuel Álvarez, ar fhírinne an scéil seo ar ball. Is cosúil gur scaipeadh litir gan ainm léi, í scríofa ag lámh mhailíseach éigin go díreach i ndiaidh ionradh na Sasanach. Sa litir seo, cuireadh i leith de Nágla, Mhic Chonbhua, Uí Dhálaigh agus na ndeartháireacha Mac Thighearnáin, go raibh siad i dteagmháil leis an namhaid. Ba é sin a thug ar de Castro na Gaeil seo agus a gcairde a scaradh óna chéile agus iad faoi ghlas sa phríosún. Fuarthas amach ar ball nach raibh aon bhunús leis an líomhain sin.

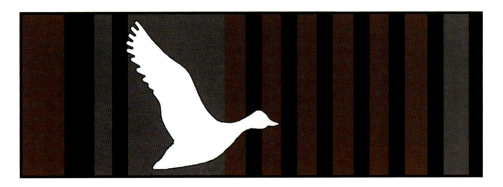

Ní ina aonar a bhí Antonio Mejía agus é ag cosaint Shéamais Uí Dhálaigh agus na nGael eile a bhí faoi ghabháil. D'éirigh daoine mór le rá ar an oileán an-tógtha faoin gceist, go háirithe nuair a thuig siad an dochar a dhéanfadh an eachtra seo do gheilleagar an oileáin.

I litir a sheol sé chuig an Rúnaí Stáit, Álvarez, chuir an tEaspag Juan Bautista an imní a bhí ar a chomhthírigh in iúl mar seo a leanas:

A Shoilse,

Tá formhór na nGael ar an oileán seo le blianta. Is iad siúd a mhúin dár gcuid oileánach an chaoi le rum a dhéanamh agus a fheabhsú, le cána siúcra a chur agus le siúcra a dhéanamh agus a bhánú. Ba iad siúd a thaispeáin dúinn an chaoi leis an gcaife is mó éileamh a sholáthar. Iad siúd amháin a d'impórtáil go leor earraí tráchtála is a d'fhorbair seirbhísí poiblí agus tionsclaíochta. Sular shocraigh na Gaeil síos abhus, bhíodh síoróip á déanamh as droch-chána agus luach an-íseal uirthi. Cheannaíodh eachtrannaigh í, dhéanaidís rum aisti agus dhíolaidís ar ais linne ansin í agus brabús mór déanta acu.

I ngeall ar thacaíocht seo na n-oileánach, gach uile sheans, cuireadh an t-ordú díbeartha in aghaidh Shéamais Uí Dhálaigh ar ceal. B'éigean don Ghobharnóir de Castro an páipéarachas uile a bhain leis an gcás a chur faoi bhráid Chomhairle na nIndiacha. Is éard atá i gceist anseo, an earnáil ba thábhachtaí den státchóras a bhí freagrach as coilíneachtaí uile na Spáinne i gcomhar leis an Rí nó, scaití, gan é. Is é sin le rá, bhíothas ag tabhairt le fios don Ghobharnóir de Castro ón leibhéal is airde go rabhthas go mór in amhras faoin gcinneadh úd a rinne sé Ó Dálaigh agus saoránaigh eile de chúlra eachtrannach a chur i bpríosún.

Mar sin, ligeadh do na Gaeil a díbríodh filleadh ar Phórtó Ríce. Ach, fiú mura raibh na himirceoirí Gaelacha seo ciontach as na líomhaintí bréagacha a cuireadh ina leith, seans go raibh fáth eile ina bhfabhar: dar leis an Spáinn, bhí gá le pobal geal, a bheadh inmharthana i dtéarmaí eacnamaíocha, a chaomhnú agus a mhéadú i bPórtó Ríce. Cén fáth? Agus ionsaí na Sasanach ar Phórtó Ríce faoi lánseol, bhris Réabhlóid Háítí amach, sa choilíneacht Fhrancach Saint Domingue in aice le Pórtó Ríce. De thoradh na réabhlóide seo, theith na mílte den chine geal, Francaigh is feirmeoirí móra a bhformhór, ó Háítí agus maraíodh 4000 acu. Ag an am céanna, maraíodh 10,000 sclábhaí.

Bhí faitíos ar na daoine geala seo roimh dhíoltas na sclábhaithe a bhíodh ag maireachtáil faoi leatrom ar a gcuid feirmeacha caife.

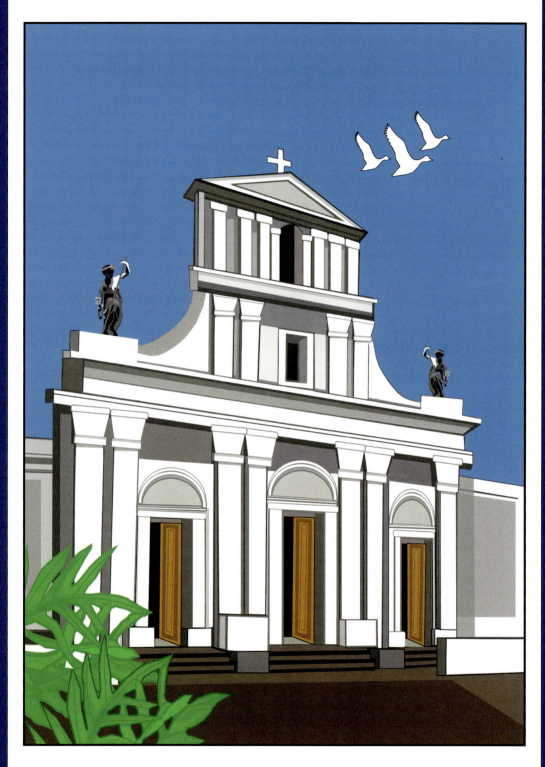

Cuireadh Séamas in Ardeaglais Naomh Eoin Baiste.

Agus bhí faitíos ar na Spáinnigh go bhféadfadh a leithéid de chorraíl tarlú athuair sna hAintillí eile dá n-éireodh leis an gcine gorm a bheith sa mhóramh iontu.

De bharr an fhaitís seo, tugadh i bhfad níos lú talún d'fheirmeoirí gorma i comparáid leis na feirmeoirí geala. Agus an teannas ciníoch seo ann, chuir rialtas na Spáinne roimhe eachtrannaigh gheala Chaitliceacha a bheadh dílis don Spáinn, ba chuma cén tír arbh as dóibh, a mhealladh go dtí oileáin Mhuir Chairib feasta. Dá bharr seo, tháinig borradh mór faoin daonra geal, Éireannaigh san áireamh, sa chéad leath den 19ú céad. Faoin gcóras seo cuireadh fáilte ar ais go Pórtó Ríce roimh na Gaeil a dhíbir an Gobharnóir de Castro go héagórach ón oileán.

D'fhan Séamas Ó Dálaigh i bPórtó Ríce go dtí go bhfuair sé bás in 1806. Cuireadh in Ardeaglais Naomh Eoin Baiste é i measc mhaithe agus mhóruaisle an oileáin, Ponce de Leon, céad-Ghobharnóir Phórtó Ríce, ina measc.

MAC A ATHAR

Níor chuir bás na ndeartháireacha deireadh le tionchar mhuintir Dhálaigh ar fhorbairt Phórtó Ríce, áfach, ná baol air! Chuir Demetrio Ó Dálaigh, mac le Tomás, le traidisiún na seirbhíse dá thír. Daonlathaí go smior ba ea Demetrio a mhair faoi réimeas smachta na Spáinne. Ach bhí clú an mheirligh air. Dhíbir an Rí Fernando VII ón Spáinn é in 1814. Bhí sé rannpháirteach i réabhlóid in aghaidh an rítheaghlaigh in 1820 ar éirigh go breá léi agus bhain sé gradam marascail amach san arm. Ina dhiaidh sin, ainmníodh é mar fheisire de chuid Phórtó Ríce i bParlaimint (Cortes) na Spáinne. Agus an cúram sin air, d'éirigh leis idirdhealú dlíthiúil a dhéanamh idir an t-údarás sibhialta agus an t-údarás míleata. Chuidigh sé seo le rannpháirtíocht na saoránach i ngnóthaí riaracháin an oileáin a éascú. Tar éis don Rí a chumhacht a fháil ar ais sa Spáinn cuireadh ar deoraíocht é in 1823 ach d'fhill sé ar Phórtó Ríce in 1834. Cailleadh sa Spáinn é in 1837.

FOCAL SCOIR

Is sampla amháin iad éachtaí Shéamais agus Thomáis Uí Dhálaigh i bPórtó Ríce den tionchar suntasach a d'fhág na Géanna Fiáine ar thíortha éagsúla ar ilchríoch Mheiriceá. Is tionchar é atá le brath ar an Airgintín agus ar an tSile ó dheas, aníos trí Mheiriceá Láir agus oileáin Mhuir Chairib — ar nós Phórtó Ríce — chomh fada le Louisiana (stát a raibh an Marascal Alejandro Ó Raghallaigh ina Ghobharnóir Spáinneach air) agus Florida, ar cuid de Stáit Aontaithe Mheiriceá um an dtaca seo iad. Is díol suntais é an chaoi ar bhláthaigh a gcumas agus iad saor ón ngallsmacht úd a thug orthu Éire a fhágáil i gcéaduair agus a chuir bac ar fhorbairt a muintire féin.

Maidir leis an saghas tíre a bheadh in Éirinn an lae inniu ann ach scóip a bheith ann ag na deartháireacha Ó Dálaigh, agus Gaeil eile dá macasamhail, a gcuid buanna a fhorbairt chun foirfeachta, ní féidir ach dul i muinín na tuairimíochta.

Ar aon nós, tá náisiúin eile thar a bheith buíoch de na Gaeil shárchumasacha seo a ghlac páirt chomh suntasach agus chomh tairbheach sin ina gcuid staire siúd.

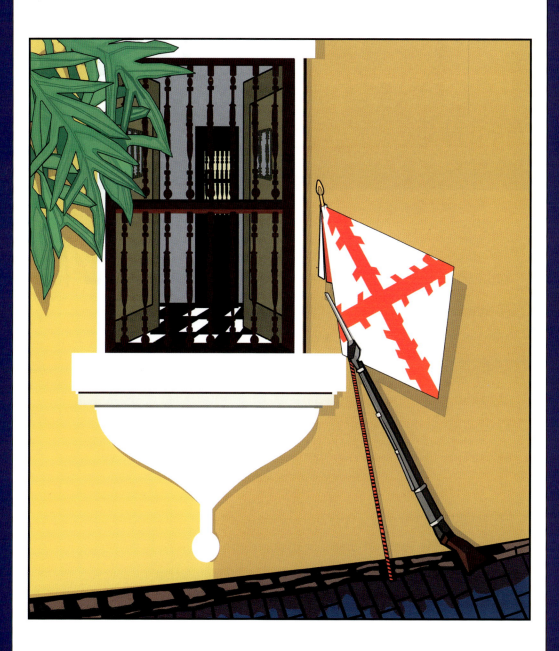

Gluais

Ailtireacht: Dearadh le haghaidh tógáil struchtúr. *Architecture*

Áitritheoirí: Cónaitheoirí. *Inhabitants*

Amhais: Saighdiúirí tuarastail. *Mercenaries*

Ardú meanman: Tógáil croí. *Lifting of spirits*

Athléiriú: Taispeántas ag déanamh aithris ar eachtra. *Re-enactment*

Athnuachan: Athchóiriú. *Renovation*

Bailchríoch: Barr maise. *Finishing touch*

Buaicphointe: Barr, an pointe is airde. *Climax*

Cabhlaigh: Airm mhara. *Navies*

Ceannairceach: Fonn éirí amach in aghaidh údaráis. *Mutinous, rebellious*

Ceapachán: Earcú. *Appointment (to position of employment)*

Clú an mheirligh: Cáil an ropaire. *Reputation as an outlaw*

Cnámh spairne: Údar aighnis. *Bone of contention*

Coinníollacha sárbhrúidiúla: Staid an-mhíthrócaireach. *Very brutal conditions*

Comhthírigh: Daoine ón tír chéanna. *Compatriots.*

Cré-umha: Cóimhiotal donn de chopar agus stán. *Bronze*

Cúiteamh: An comhar a íoc le duine. *Compensation*

Curadóireacht: Saothrú talún, cur síolta. *Tillage, sowing crops*

Daingniú: Neartú. *Fortification.*

Daorsmacht: Cos ar bolg. *Oppression*

Daortha: Curtha chun príosúin. *Sentenced*

Deoraithe: Daoine arbh éigean dóibh a dtír dhúchais a fhágáil. *Exiles*

Deoranta: Coimhthíoch, imeallach. *Strange, out of place*

Diansmacht: Údarás géar. *Strict control*

Díobháil: Dochar. *Damage*

Dobhearnaithe: Róláidir le bearnú. *Impenetrable*

Dufair Theochreasach: Dlúthfhásra sna Trópaicí. *Tropical Jungle*

Dúshaothrú: Teacht i dtír air. *Exploitation*

Éileamh:Ráchairt. *Demand*

Fálróid: Ag fámaireacht. *Wandering*

Faoi lánseol: Ag feidhmiú go rathúil. *Fully operational*

Faoisimh chánach: Socruithe i gcomhair ráta cánach níos ísle. *Tax reliefs*

Feisire: Teachta parlaiminte. *Member of parliament*

Fianaise seandálaíochta: Eolas a fhaightear tar éis láthair stairiúil a thochailt. *Archaeological evidence*

Finscéal: Scéal eachtraíochta (gan bunús fírinneach go hiondúil). *Legend, romantic tale*

Fodhúnta: Dúnta beaga laistigh den phríomhdhún. *Minor forts within the main fort*

Foinsí buntáirgí: Áiteanna a bhfuil fáil ar ábhar bunaidh le haghaidh gnó/ tionsclaíochta. *Sources of basic products/of natural resources*

Gallsmacht: Údarás Shasana. *English control*

Gan mórán achair: Gan mhoill, go luath. *Shortly, without (much) delay*

Garúil: Cabhrach. *Helpful*

Géilleadh: Glacadh le rud. *Submission, acceptance*

Geilleagar: Eacnamaíocht tíre/stáit. *Economy*

Géillsineach: Duine faoi smacht X/dílis do X. *Subject (political)*

Gnó na sclábhaithe: Gabháil and aistriú daoine in aghaidh a dtola go tíortha i gcéin mar sclábhaithe. *The Slave Trade*

Gruamánta: Duairc. *Gloomy*

I gcochall a chéile: In adharca a chéile. *Arguing with each other*

I mbaol a chaillte: Ar tí bású/bá. *In (immediate) danger of death/drowning*

I ndán: Sa chinniúint ag duine. *Fated*

Iasachta: Eachtrannach, ó thar lear. *Foreign*

Ildánach: Éirimiúil i mbun ceirdeanna éagsúla. *Multi-talented*

Inmharthana: Féinchothaitheach. *Viable, self-sufficient*

Ionróirí: Ionsaitheoirí ón iasacht. *Invaders*

Léanmhar: Brónach. *Woeful*

Leasuithe: Athruithe. *Changes*

Léigear Luimnigh: Ionsaí a rinne fórsaí Uilliam ar chathair Luimnigh le linn Chogadh an Dá Rí (1689-91). *The Siege of Limerick*

Líomhain: Rud a chur i leith duine. *Accusation*

Líonra: Gréasán. *Network*

Luíochán: Ionsaí gan choinne. *Ambush*

Máguaird: Thart timpeall. *Surrounding area, the hinterland*

Míliste: Gnáthdhaoine a bhfuil oiliúint mhíleata orthu agus a n-iarrtar orthu troid i gcás éigeandála. *Militia.*

Mórtasach: Bródúil. *Proud*

Muirthrádáil: Trádáil ar an bhfarraige. *Sea-trading*

Neamhbhearnaithe: Gan bhearnaí, leanúnach. *Without gaps, continuous*

Ó chian is ó chóngar: In aice láimhe agus i bhfad i gcéin. *From far and near*

Olagón: Caoineadh. *Lament*

Ollmhaitheas: Saibhreas an tsaoil. *Luxury*

Ordú díbeartha: Ordú chun duine a ruaigeadh ón tír. *Deportation order*

Péindlíthe, Na: Córas smachta in aghaidh Caitliceach a cuireadh i bhfeidhm in Éirinn sa 17ú agus san 18ú haois faoi réimeas Shasana. *The Penal Laws*

Samhlaíocht: Cumas rudaí a shamhlú. *Imagination*

Sárchumas: Ábaltacht den scoth. *Very high ability*

Sealúchas: Seilbh. *Possession (of property)*

Spleodrach: Lúcháireach. *Cheerful*

Tailte: Talamh. *Lands*

Tairne sa bheo: Crá croí. *Thorn in the flesh.*

Taisceálaí: Duine a théann a lorg áiteanna nua. *Explorer*

Teach tórraimh: Teach ina gcaointear an marbh roimh a s(h)ochraid. *Wake house*

Teacht in inmhe: Teacht in aois (fir/mná). *Coming of age*

Teannas ciníoch: Strus idir ciníocha. *Racial tension*

Tiúbar: Fréamh. *Tuber, root*

Uaillmhian: Mian le dul chun cinn a dhéanamh. *Ambition*

Uallfairt: Béicíl, screadaíl. *Howl, yell*

Údaráis Ghallda: Lucht ceannais faoi réimeas Shasana. *English authorities*

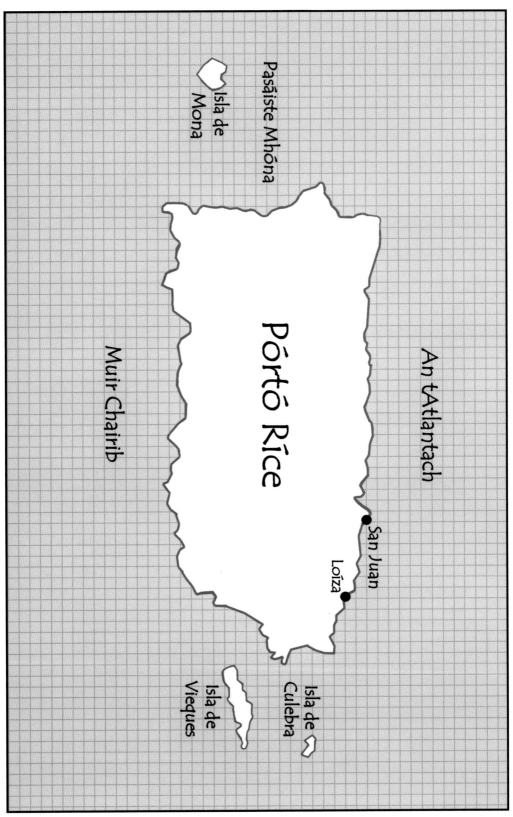

Pasáiste Mhóna

Isla de
Mona

An tAtlantach

Pórtó Ríce

Muir Chairib

San Juan

Loíza

Isla de
Culebra

Isla de
Vieques

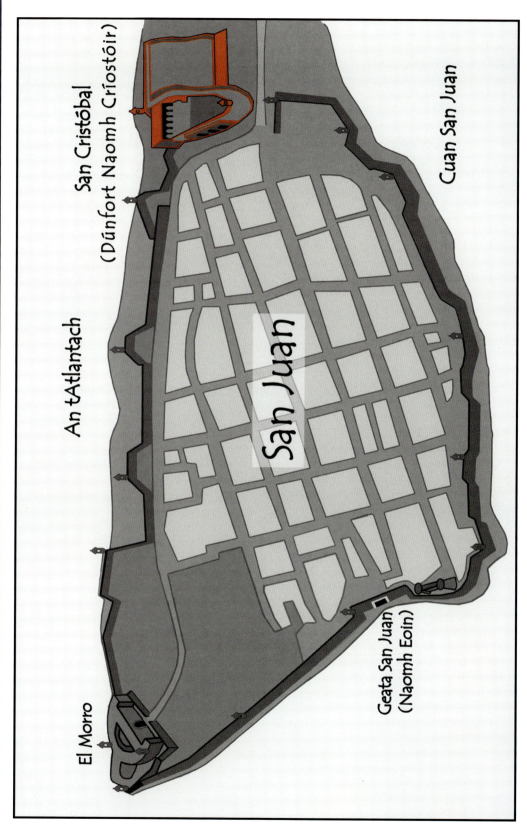

San Cristóbal
(Dúnfort Naomh Críostóir)

Cuan San Juan

An tAtlantach

San Juan

Geata San Juan
(Naomh Eoin)

El Morro

73

Oidhreacht Ailtireachta Thomáis Uí Dhálaigh

Dúnfort Naomh Críostóir, San Juan, Pórtó Ríce

sa lá atá inniu ann

'Léiriú buan ar shárchumas ailtireachta Thomáis Uí Dhálaigh é gur phleanáil seisean, i dteannta Alejandro Uí Raghallaigh, córas de rampair is d'fhodhúnta a chinntigh nach bhféadfadh namhaid ar bith Dúnfort Naomh Críostóir a ghabháil gan seilbh a ghlacadh ar dtús ar na ballaí uile. Níor éirigh le namhaid ar bith é sin a dhéanamh riamh. Bheadh tionchar cinniúnach ag éacht ailtireachta Thomáis ar stair Phórtó Ríce.'

Dúnfort Naomh Críostóir ón taobh amuigh.

An bealach isteach.

Túr faire sa dúnfort.

Cúirt mhór Dhúnfort Naomh Críostóir.

Cuid de bhalla an Dúnfoirt ag faire amach ar an Atlantach.

Béal na dtollán.

An bealach isteach chuig seomra an phúdair.

Foirgneamh na n-oifigeach.

Seomraí na n-oifigeach.

Cuid den '450 *gunna mór*' a chosain an dúnfort.

Cathair San Juan ó Dhúnfort Naomh Críostóir.